I0705685

Qué es el Liberalismo

El liberalismo es una filosofía política que defiende la libertad individual, la iniciativa privada, y limita la intervención del Estado y de los poderes públicos en la vida social, económica y cultural.

Promueve las libertades civiles y económicas y se opone al absolutismo, al despotismo, a los sistemas autoritarios, dictatoriales y totalitarios.

Es la ideología en la que se fundamentan el Estado de Derecho, la democracia representativa y la división de poderes.

Es también una actitud ante la vida que promueve la libertad y la tolerancia en las relaciones humanas.

Cómo se subdivide la filosofía liberal

El liberalismo, según su campo de acción, se subdivide en:

Liberalismo Económico
Liberalismo Político
Liberalismo Sociológico

Qué es el liberalismo económico

El liberalismo económico limita la intromisión estatal en las relaciones comerciales para establecer una economía de mercado, de competencia en igualdad de condiciones. Se basa en la libertad empresarial y el derecho a la propiedad privada tanto de los medios de producción como de los bienes de consumo. El liberalismo económico es la base del sistema capitalista.

El liberalismo económico, en sus comienzos, fue "absolutamente individualista", tal como fue formulado por el "liberalismo clásico" desde sus orígenes hasta mediados del siglo XIX, cuando evolucionó hacia el "liberalismo moderno" o "liberalismo progresista", que considera necesario asegurarse el cumplimiento de la justicia social (dar a cada cual lo que le corresponde según sus méritos y su trabajo) y que se haga realidad la igualdad de oportunidades, por lo que, cuando el mercado libre y la iniciativa privada no tienen la capacidad de hacerlo por sí solos, el Estado suple algunos servicios necesarios para la población, como la salud, la educación, la seguridad social y el cumplimiento de las leyes que garanticen la justicia social protegiendo a los trabajadores y a los grupos sociales más débiles de posibles abusos, mediante leyes tales como el Código del Trabajo, como un "complemento" —nunca como un sustituto— del mercado libre y la iniciativa privada.

Los partidos liberales hoy, en su gran mayoría, sustentan el liberalismo moderno y progresista que defiende la justicia social y la efectiva igualdad de oportunidades, permitiendo una intervención complementaria y moderada del Estado. Las economías capitalistas de los Estados democráticos modernos financian estas prácticas con sus presupuestos basados en sus sistemas de impuestos.

Lejos de alejarse de los principios liberales clásicos, que la Revolución Francesa resumió en tres palabras: LIBERTAD, IGUALDAD, FRATERNIDAD, lo que ha hecho el liberalismo moderno con mentalidad progresista, ante las nuevas situaciones surgidas de la evolución de la sociedad, es garantizar que se cumpla con la verdadera igualdad de oportunidades.

Qué es el liberalismo político

El liberalismo político afirma que la soberanía y el poder de una nación recaen en el pueblo, que elige a sus representantes y gobernantes de manera libre y soberana, los cuales rinden cuenta de sus acciones ante el pueblo que los eligió.

El liberalismo político defiende la división, el equilibrio y la independencia de los Poderes del Estado y un sistema electoral libre y honesto basado en la competencia cívica entre los partidos políticos.

Qué es el liberalismo sociológico

El liberalismo sociológico defiende la libertad en las conductas privadas de los individuos y en sus relaciones sociales. Defiende el derecho personal a decidir según las normas y valores éticos de cada cual, mientras no atenten contra los derechos de los demás y al respeto a la moral pública. El liberalismo sociológico establece esferas de competencia diferentes para la religión y el Estado, la absoluta libertad para creer o no en una religión, y el derecho a la libertad religiosa igual para todos.

Qué se entiende por democracia liberal

El liberalismo, opuesto al absolutismo, al despotismo, a los sistemas autoritarios, dictatoriales y totalitarios, defiende el Estado de Derecho, en donde todas las personas son iguales ante la ley, sin privilegios ni distinciones, sujetos todos a un sistema de leyes que resguarden la libertad, la igualdad de oportunidades y demás derechos de las personas, especialmente los derechos humanos.

El Estado se organiza mediante los Poderes Ejecutivo, Legislativo y Judicial, con su propio campo de acción cada uno, independientes entre sí, actuando armónicamente con las limitaciones que la ley les impone.

Qué es la democracia representativa

El pueblo es soberano y de él emanan la Constitución y las leyes. Para hacer esto posible el pueblo elige en forma democrática, mediante el voto libre y secreto, a sus representantes, quienes, como delegados, en nombre del pueblo que los ha elegido, dictan la Constitución y las leyes de la nación.

Qué implica un sistema democrático pluripartidista

Los ciudadanos tienen derecho a organizarse en partidos políticos de diferentes ideologías y tendencias dentro del respeto a la Constitución y las leyes. Los partidos políticos presentan candidatos a diferentes cargos de elección popular y, mediante el voto libre y secreto, ganan los que obtienen la mayoría de los votos requeridos por la ley. Los partidos que no logran la mayoría no quedan excluidos de participar en la vida pública, pues en el Poder Legislativo y en otras instancias (como los Concejos Municipales) se eligen representantes, legisladores o concejales, proporcionalmente al número de votos obtenidos por cada partido. Los partidos que no logran mayoría en el gobierno, en una democracia liberal integran una oposición cuya voz debe ser escuchada y respetada por los gobernantes. En todo órgano del Estado, de carácter colegiado, debe haber representación de la minoría.

¿Cómo y cuándo surgió el liberalismo?

Los fundamentos intelectuales del liberalismo fueron establecidos por John Locke, filósofo y médico inglés del siglo XVII, considerado el "Padre del Liberalismo" por sustentar los principios filosóficos que fundamentan los principios liberales de libertad e igualdad. Sus trabajos influyeron notablemente en la formación inicial de la filosofía liberal inspirando a otros filósofos de la Francia del siglo XVIII, que fueron dando forma al pensamiento liberal, como Voltaire, que defendió la libertad de religión, la libertad de expresión, y la separación de la Iglesia y el Estado, o Rousseau, que en su obra "El contrato social" delinea el fundamento de un orden político legítimo dentro del marco del republicanismo clásico.

Podemos ver cómo el pensamiento liberal se va desarrollando y evolucionando en la historia con la Declaración de Derechos promulgada por el parlamento inglés (1689) que limita el poder de rey y da más atribuciones al parlamento; la Declaración de Derechos de Virginia (1776) que proclamó que todas las personas tienen derechos naturales que les son inherentes y llamó a los estadounidenses a independizarse de Gran Bretaña; el Preámbulo de la Declaración de Independencia de los Estados Unidos (1776), la Declaración de los Derechos del Hombre y del Ciudadano surgida de la Revolución Francesa (1789) y la Declaración Universal de los Derechos Humanos (1948) aprobada por la ONU; hitos históricos que cuestionaron las viejas tradiciones de las sociedades y de los gobiernos, oponiéndose a las monarquías absolutas, a los gobiernos dictatoriales y tiránicos, a los privilegios de unos en detrimento de otros y al conservatismo opuesto al cambio y las ideas progresistas. Estas nuevas tendencias se unieron finalmente en poderosos movimientos revolucionarios que derrocaron regímenes arcaicos en todo el mundo, especialmente en Europa, Estados Unidos y América Latina.

La primera encarnación notable de la rebelión liberal llegó con la Guerra de Independencia de los Estados Unidos de América (la Revolución Estadounidense), y el liberalismo fue plenamente expresado como un movimiento revolucionario mundial contra el viejo orden durante la Revolución Francesa. Ambas revoluciones marcaron el ritmo para el futuro desarrollo de la historia humana.

Cómo se fue desarrollando el liberalismo moderno

Los liberales clásicos, que en líneas generales destacaron la importancia de los mercados libres, las libertades civiles y el individualismo, dominaron la historia liberal por un siglo después de la Revolución Francesa. Posteriormente, el inicio de la Primera Guerra Mundial y la Gran Depresión de los años 30 surgida en los Estados Unidos, aceleró las tendencias iniciadas en Gran Bretaña a finales del siglo XIX hacia el social liberalismo, impulsado por economistas liberales como el inglés John Maynard Keynes (1883-1946) que hizo hincapié en la necesidad de un mayor papel del Estado en el mejoramiento de las condiciones sociales. El liberalismo moderno, progresista, o social liberalismo, promueve garantizar los derechos básicos para la dignidad humana: salud, educación, seguridad social, dignificación del trabajo humano, vivienda e igualdad de oportunidades para todos independientemente de su condición socioeconómica; lo cual el Estado debe procurar, pero como complementario a la iniciativa privada y al mercado libre que son la base del liberalismo económico.

Qué aportes ha dado el liberalismo a la humanidad

A principios del siglo XXI, las democracias liberales y sus características —el fin de las monarquías absolutas, el rechazo a las dictaduras y tiranías, el respeto a las constituciones emanadas de la voluntad popular, la división e independencia de los Poderes del Estado, elecciones libres y justas, la sociedad pluralista y pluripartidista, y el Estado de bienestar para todos logrado mediante una política de justicia social— han prevalecido en la mayoría de las regiones del mundo. Países como los que integran la Unión Europea, Estados Unidos, Canadá, Australia, Japón, Corea del Sur, Sudáfrica, Argentina, Chile, México y muchos otros, tienen sociedades que política y económicamente fueron organizadas en los principios del "liberalismo clásico", primero, y del "social liberalismo" posteriormente. La soberanía del pueblo, del cual emana todo poder, los límites al poder público, la democracia representativa y pluralista, la libertad en su más amplia concepción, el derecho individual a decidir sobre la conducta privada, la igualdad ante la ley y la igualdad de oportunidades, el respeto a los derechos humanos, el derecho a la propiedad privada, el mercado libre, la participación del Estado como complementario a la iniciativa privada y al mercado para proveer lo necesario para cubrir las necesidades y derechos básicos: salud, educación, seguridad social, dignificación del trabajo humano, vivienda e igualdad de oportunidades para todos independientemente de su condición socioeconómica, y otras conquistas políticas, económicas y sociales, se mantienen irreversibles en estos países, independientemente de los partidos que estén gobernando.

Cómo surge el liberalismo en Nicaragua

Los movimientos de independencia en América, tanto en Estados Unidos como en América Latina, además de ser motivados por la necesidad de acabar con los pesados tributos a las coronas europeas, fueron motivados e impulsados por las ideas liberales sustentadas por próceres como Thomas Jefferson (Estados Unidos), Miguel Hidalgo y Costilla (México), José Martí (Cuba), Simón Bolívar y Francisco de Miranda (Países Andinos), José de San Martín (Argentina) o Bernardo O'Higgins (Chile). Centroamérica recibió esa influencia y desde los primeros movimientos independentistas centroamericanos en el siglo XIX estuvo presente el liberalismo motivando e impulsando la independencia.

La Independencia de Centroamérica fue un proceso relativamente pacífico. Después de varios levantamientos independentistas en Guatemala, El Salvador y Nicaragua, una reunión entre las mismas autoridades coloniales españolas y una junta de líderes ilustrados de Centroamérica terminó el 15 de septiembre de 1821 con un acuerdo que puso fin al dominio español en la antigua Capitanía General de Guatemala, que comprendía el actual territorio del estado de Chiapas (México) y las repúblicas de Guatemala, Honduras, El Salvador, Nicaragua y Costa Rica.

El movimiento independentista centroamericano tomó como ejemplo la independencia de los Estados Unidos, la de países hermanos latinoamericanos y la revolución francesa que terminó con desigualdades y privilegios.

El Acta de Independencia fue co-redactada y firmada por el nicaragüense Miguel Larreynaga, filósofo y jurista de notables ideas liberales, nacido en Telica, León. En 1818 formó parte de un grupo de personalidades nicaragüenses afines a la independencia que visitaron al Rey de España Fernando VII, abogando por la Independencia de Centroamérica. Su decisiva actuación desde entonces, hasta la obtención de la independencia en 1821, le hace indiscutible Prócer de la Independencia de Centroamérica. Posteriormente luchó cívicamente contra las corrientes conservadoras que disputaban con el liberalismo progresista el gobierno de la región centroamericana. Sus restos reposan en la Catedral de León y su busto representa a Nicaragua entre los de los personajes representativos de cada país en la sede de la OEA en Washington.

Cómo se desarrolla el liberalismo en Nicaragua

El liberalismo estuvo siempre presente en la Centroamérica independiente y en los esfuerzos por mantener la Unión Centroamericana. Así mismo, lo fue en el Estado de Nicaragua, una vez separados los Estados Centroamericanos. Pero existían grupos conservadores que deseaban, precisamente, conservar los privilegios de la alta clase social dominante formada por los terratenientes y comerciantes criollos (de padres españoles, nacidos en Nicaragua). Los conservadores, además de los privilegios de clase, defendían el poder civil de la iglesia y su injerencia en los asuntos del Estado. Los liberales, encabezados principalmente por personas ilustradas, profesionales educados en Europa y Estados Unidos, luchaban por un Estado moderno, separado de la iglesia y con beneficios sociales para todos los ciudadanos que debían ser considerados iguales ante la ley, sin distingo de raza, religión o condición económica, y el derecho a la más amplia libertad religiosa y política. Los liberales disputaban el poder a los grupos encabezados por hacendados conservadores.

Los liberales se hicieron más fuertes en León y los conservadores en Granada. Los primeros años de Centroamérica y del Estado de Nicaragua transcurrieron con enfrentamientos entre los liberales del Partido Democrático, y los conservadores del Partido Legitimista, que con frecuencia conducían a la guerra civil. La rivalidad entre León, bastión liberal, y Granada, bastión conservador, condujo a que Managua fuera elegida como la capital de la nación en 1852 para disipar la rivalidad entre las dos ciudades enfrentadas.

Qué proponía el liberalismo a los nicaragüenses en el siglo XIX

En aquellos tiempos los nicaragüenses no tenían igualdad ante la ley. Aspirar a cargos públicos y tener derecho a votar para elegir a los gobernantes estaba reservado solo para un sector social muy reducido y exclusivo. Para eso se ponían requisitos tales como saber leer y escribir, tener determinado capital (dinero o bienes, tales como haciendas, ganado, casas, etc.), ser de la religión católica, ser varón, y otros requisitos que eliminaban de la vida pública como ciudadanos a la gran mayoría del pueblo. Por ejemplo, cerca del 90 por ciento de la población era indígena o mestiza y no existían escuelas públicas, por lo que la mayoría de estas personas crecían sin saber leer y escribir; y como eran mayoritariamente peones en las haciendas, pequeños artesanos y algunos obreros de las ciudades, con muy bajos salarios y reducidos ingresos, no poseían el capital suficiente que las leyes conservadoras imponían para poder ejercer los derechos de elegir y ser elegidos. Además de no existir educación pública, tampoco existía atención médica para estas personas, ni leyes que impidieran el abuso de parte de los patrones. La mujer era discriminada en todo sentido. El liberalismo luchaba por conquistar el poder para separar la Iglesia del Estado, establecer la igualdad de todos ante la ley, suprimir los privilegios de una minoría, establecer escuelas públicas y servicios de salud al pueblo, y leyes que protegieran del abuso de los patrones, la dignidad de los trabajadores y de la mujer.

Quien fue Máximo Jerez

Muchos destacados liberales sobresalieron por su liderazgo, valor, y sobre todo por su intelecto y formación, después de la Independencia y del nacimiento del Estado de Nicaragua. Entre ellos el liberalismo ha dado un reconocimiento histórico especial a Máximo Jerez (1818–1881) nacido en León. Militar y abogado de una especial cultura e ilustración poco común en su tiempo. Con su espíritu inquieto y profundas convicciones fue apasionado abanderado de los ideales de la Revolución Francesa en Nicaragua. Dictó clases universitarias en Tegucigalpa donde lo destacaron como "Primer Educador de Centroamérica". Fue maestro en Costa Rica, donde fundó el Liceo de San José, centro de primaria y secundaria, sentando los fundamentos de su sistema educativo introduciendo las enseñanzas científicas y sacándola de las puras ciencias especulativas. Fue gran promotor de la Unión Centroamericana.

Perteneció al Partido Democrático (liberal) y fue el jefe del ejército sublevado contra el gobierno conservador de Fruto Chamorro en 1854.

Máximo Jerez junto con los principales dirigentes liberales buscaron apoyo externo en su lucha contra los conservadores, y así llega a Nicaragua el filibustero William Walker, supuestamente a luchar contra los conservadores en apoyo de los liberales. Las intenciones escondidas de Walker eran otras. En la primera mitad de 1856 Jerez se dio cuenta del error y se dedicó, junto a sus tropas liberales, a luchar contra Walker y el filibusterismo que pretendía apoderarse de Nicaragua. Máximo Jerez firmó el histórico pacto entre democráticos (liberales) y legitimistas (conservadores), que unió a los nicaragüenses contra Walker, logró derrotarlo, y culminó con un gobierno binario compartiendo la presidencia el General Máximo Jerez y el General (conservador) Tomás Martínez trayendo la paz al país. Jerez murió en Washington y sus restos fueron traídos a Rivas, y en 1894 el presidente José Santos Zelaya ordenó que fueran trasladados a León donde descansa en el cementerio de esa ciudad. Una estatua en su honor se erige en la principal plaza de aquella ciudad y en Managua un histórico barrio lleva su nombre.

Cuándo llegó al poder el Partido Liberal

Los gobiernos de Nicaragua fueron presididos por Jefes de Estado hasta 1838, después por Supremos Directores de Estado hasta 1855, y finalmente por Presidentes de la República. Algunos Jefes de Estado, como Juan Argüello o Dionisio Herrera, y algunos Directores Supremos de Estado como Patricio Rivas, Laureano Pineda o Francisco Castellón, entre otros, fueron liberales, del Partido Democrático, pero sus gobiernos fueron de breve duración y frecuentemente no eran reconocidos en algún sector del territorio nacional. En medio de constantes luchas armadas se daban situaciones en que Nicaragua tenía dos gobiernos, uno liberal en León y otro conservador en Granada

Desde 1855 hasta 1893, durante 38 años, la Presidencia de la República fue ejercida por presidentes conservadores, interrumpidos por un corto período durante la Guerra Nacional contra William Walker y por el Gobierno Binario de Máximo Jerez y Tomás Martínez de escasos cuatro meses de duración. Dentro de ese período se dieron los llamados "30 años de gobiernos conservadores" en que los seis presidentes que se sucedieron en el poder pacíficamente, mediante el voto limitado solo a la élite con derecho a votar, estaban ligados por lazos de consanguinidad o afinidad, incluyendo a dos de los seis presidentes de la familia Chamorro que ha tenido Nicaragua.

Durante todo ese tiempo, desde 1838 hasta 1883, durante los primeros 55 años de existencia de Nicaragua como Estado independiente, los liberales solo habían podido ejercer el poder por muy pocos meses, en medio de revueltas y sin controlar todo el territorio nacional, por lo que se mantuvo en Nicaragua el *statu quo* que querían mantener los conservadores. El pueblo vivía en las opresoras estructuras de las instituciones políticas del conservatismo.

Pero la semilla liberal estaba sembrada y las ansias de libertad desembocaron en la Gran Revolución Liberal de 1893 que llevaron, en realidad, por primera vez al poder, al liberalismo.

Cómo se dio la Revolución Liberal de 1893

El descontento del pueblo después de tantas décadas de opresión conservadora clamaba por un cambio que le diera dignidad y libertad. Las bases populares estaban listas para respaldar una Revolución Liberal. El momento propicio se dio cuando, después de fallecer el presidente Evaristo Carazo y sucederle Roberto Sacasa para concluir su período, éste se reeligió en contra de la Constitución, alegando que tenía derecho a su propio período, lo cual fue rechazado por los liberales y por su propio Partido Conservador, alimentando los ánimos revolucionarios en el pueblo que tampoco se sintió satisfecho con la sustitución, que hicieron los conservadores, de Roberto Sacasa por el presidente interino Salvador Machado.

El 11 de julio de 1893 (fecha gloriosa del liberalismo nicaragüense), en la ciudad de León, Zelaya, como Jefe del Partido Liberal (antes Partido Democrático) se levantó en armas apoyado por Anastasio Ortiz, quien era el comandante militar de esta plaza, capturando al presidente interino conservador Salvador Machado. Se integró una Junta de Gobierno formada por José Santos Zelaya, Francisco Baca hijo, Anastasio Ortiz y Pedro Valladares. Las tropas liberales entraron triunfantes a la capital, Managua, derrotando al ejército conservador el 25 de julio en la Batalla de La Cuesta (hoy llamada "Cuesta del Plomo") y marchan victoriosos ese mismo día, por la "Calle del Triunfo".

Primera República Liberal (1893-1910)

El 31 de julio de 1893, liberales y conservadores firmaron un convenio en la ciudad de Masaya, reconociendo a la Junta de Gobierno Liberal, finalizando así 38 años de gobiernos conservadores (1855-1893) y después de haber vivido bajo estructuras conservadoras opresivas de una élite gobernante desde la Colonización Española y aún después de la Independencia de Centro América. La Junta de Gobierno convocó a elecciones de una Asamblea Constituyente. El 15 de septiembre de 1893, el General José Santos Zelaya asumió como Presidente de Nicaragua electo por la Asamblea Constituyente, iniciándose la Primera República Liberal.

Quién fue José Santos Zelaya

El General José Santos Zelaya nació en Managua el 1 de noviembre de 1853. Se bachilleró en el Instituto Nacional de Oriente de Granada y viajó a Bélgica y Francia a efectuar estudios superiores donde se nutrió de las ideas liberales. En 1875 regresó a Nicaragua y fue un destacado y entusiasta activista promoviendo la ideología liberal. En 1883 fue electo alcalde de Managua. Encabezó la Gran Revolución Liberal de 1893, siendo electo Presidente de Nicaragua por la Asamblea Constituyente. El 10 de diciembre de 1893 como Presidente de Nicaragua promulgó la nueva Constitución llamada "La Libérrima" por sus amplios postulados liberales, de libertades y derechos ciudadanos, considerada la más avanzada de América, e inició el ejercicio de la presidencia por cuatro años a partir del 1 de febrero de 1894, según lo dejó establecido la Asamblea Constituyente antes de disolverse.

Inmediatamente José Santos Zelaya se dio a la tarea de modernizar el Estado de Nicaragua mediante los conceptos liberales plasmados en la "La Libérrima", con un gobierno republicano, democrático y representativo, con división e independencia de los Poderes del Estado, garantizando las libertades ciudadanas: no ser arrestado sin orden judicial, no prisión por deudas, recurso de *habeas corpus*, total libertad religiosa sin privilegios para ninguna religión, el establecimiento del estado laico (o sea, que el Estado no tiene una religión oficial ni las iglesias tienen poder sobre el Estado), educación gratuita y obligatoria para la primaria, abolición de la pena de muerte, matrimonio civil (antes solo existía por la iglesia), divorcio permitido (antes prohibido), secularización de los cementerios (antes propiedad de la iglesia), absoluta libertad de prensa, respeto a la privacidad de la correspondencia, libertad económica, libertad de enseñanza, respeto a la propiedad y a la propiedad intelectual, obligatoriedad de votar para todos los ciudadanos, voto directo y secreto, igualdad ante la ley y abolición de todos los privilegios, entre otros. Zelaya fue un gran promotor de la Unión Centroamericana, cumpliendo con el principio unionista que quedó establecido en "La Libérrima".

Zelaya creó el Museo Nacional, fundó el Archivo General de la Nación; organizó la Dirección de Estadísticas y Censos que levantó el primer censo nacional; formó el primer Consejo Electoral; y en lo económico el país avanzó y alcanzó un rápido crecimiento en el comercio exterior; transformó las pocas líneas férreas que existían en un amplio y moderno servicio de ferrocarril, construyó una amplia red de líneas telegráficas por casi todo el país y estableció un servicio de correos eficiente, amplió el transporte lacustre con numerosos vapores, hizo importantes carreteras y construyó un gran número de escuelas. Creó nuevas instituciones, promulgó códigos, leyes y reglamentos propios de un país moderno y progresista. El General Zelaya convirtió a Nicaragua en la más próspera y rica nación de Centroamérica.

Nicaragua entonces estaba incompleta. Desde antes de la Independencia de España los ingleses habían invadido la extensa zona de la Costa Atlántica (un tercio aproximado del territorio nacional) conocido como "La Mosquitia" y mantenían su dominio por medio de un sumiso "rey mosco". Por órdenes del Presidente Zelaya, el General Anastasio Ortiz, Comandante General del Ejército, dotó de una fuerza militar al General Rigoberto Cabezas para someter al "rey mosco" y recuperar en toda su extensión la soberanía nacional. Ocupó militarmente Bluefields y acto seguido se emitió el histórico decreto de la incorporación a la soberanía nacional del territorio de "La Mosquitia". Esta acción inmortalizó al General José Santos Zelaya y al General Rigoberto Cabezas como los héroes nacionales que unificaron el territorio de la nación.

Los conservadores nunca se resignaron a tener un gobierno liberal con Zelaya. Veían aterrorizados cómo sus privilegios de clase terminaban y la ley los igualaba en derechos a indios, mestizos y negros. Los conservadores no cesaron de conspirar e intentar hasta 17 revueltas armadas y golpes de Estado. Eso obligó a

Zelaya a tomar medidas drásticas. Tuvo que suprimir su amada "Libérrima" por una Constitución que le diera el poder suficiente para defender la permanencia de la Revolución Liberal, tuvo que limitar las libertades políticas y tuvo que reprimir a los levantados en armas del conservatismo. Convencido -por otra parte- de que Centroamérica era una sola nación, intervino en los países hermanos para fortalecer o instalar gobiernos liberales que, igual que él, procuraran la Unión Centroamericana. Todo eso significó desarrollar un fuerte ejército que costaba mucho dinero, e hizo que los grandes hacendados y comerciantes conservadores que patrocinaban los levantamientos, pagaran con parte de sus bienes los gastos de los beneficios que el progreso traía al pueblo.

Zelaya, sin duda, fue un presidente "autoritario". Pero hay que juzgarlo de acuerdo a su época y sus circunstancias. No usó ni abusó del poder para beneficio propio. Realmente gobernó por el bien del país según sus principios liberales. Él consideró necesario permanecer en el poder más tiempo del que originalmente pretendía y ejercer un gobierno "autoritario" para que no se perdieran las conquistas liberales frente al poder de los grandes señores conservadores. ¿Puede no ser suficiente justificación? Quizá. Puede ser. Aunque José Martí lo admiro profundamente a pesar de esas circunstancias.

El General José Santos Zelaya estableció fuertes vínculos con las potencias europeas como Alemania, Francia e Inglaterra, entre otras, para no depender exclusivamente de las relaciones con los Estados Unidos. Siendo que los Estados Unidos habían decidido construir el canal de Panamá, Zelaya planeaba construir el canal de Nicaragua con las potencias de Europa y Japón. Mantuvo una estrecha amistad con el presidente de México, Porfirio Díaz, liberal y cercano a Europa, quien dijo la famosa frase: "Pobre México; tan lejos de Dios y tan cerca de Estados Unidos." La identificación política entre el gobierno de Theodore Roosevelt y William Taff, conservadores, con el conservatismo de Nicaragua, se tradujo en un apoyo de los Estados Unidos a la revuelta conservadora comandada desde la Costa Atlántica por Emiliano Chamorro, que además recibía ayuda del presidente conservador de Guatemala, Manuel Estrada Cabrera. En 1907, buques de guerra estadounidenses ocuparon diversos puertos de Nicaragua. En 1909, algunos mercenarios norteamericanos que atacaron un barco de soldados nicaragüenses fueron capturados y ejecutados por el gobierno de Zelaya. Por medio de la Nota Knox, del Secretario de Estado de Estados Unidos, Philander Knox, se le pedía la renuncia a Zelaya, a cambio de no invadir Nicaragua. Zelaya prefirió sacrificarse para evitar que tropas interventoras pisotearan la patria, y abandonó el poder el 22 de diciembre de 1909, dirigiendo un mensaje muy emotivo de despedida en la Asamblea Nacional al pueblo nicaragüense. Se embarcó en Corinto rumbo a México y luego fue a París y Nueva York. En 1919 murió en Nueva York a los 63 años. Sus restos fueron repatriados durante el gobierno liberal de José María Moncada en octubre de 1930 y recibidos con una manifestación popular multitudinaria. Descansa en el cementerio de San Pedro, el Cementerio de las Personas Ilustres, en el Centro de Managua, donde hay un busto del presidente que modernizó a Nicaragua.

Quién fue José Madriz

El Doctor José Madriz nació el 21 de julio de 1867, en León. Después de que el presidente José Santos Zelaya renunciara el 21 de diciembre de 1909 frente a la amenaza de invasión de los Estados Unido, Madriz asumió la presidencia e intentó establecer una lucha antiimperialista contra la intromisión de Estados Unidos en nuestro país. Pero la intervención norteamericana activa en favor de los políticos de la oligarquía conservadora lo obligó a exiliarse en agosto de 1910, finalizando así la Primera República Liberal. Murió en la Ciudad de México el 14 de mayo de 1911. En 1936, el recién creado Departamento de Madriz fue nombrado así en su honor. repatriado sus restos por el presidente liberal René Schick, descansan en su ciudad natal, León.

Madriz tenía una inteligencia extraordinaria, era un jurista excelente y un liberal doctrinario, gran ideólogo del liberalismo. Ocupó diferentes importantes cargos, entre ellos, diputado, ministro, embajador, delegado con el general Rigoberto Cabezas para la reincorporación de la Mosquitia, Juez de la Corte Centroamericana de Justicia, con sede en Costa Rica, de donde fue llamado por el legislativo nicaragüense para ejercer la presidencia en sustitución de Zelaya.

Con el derrocamiento de Madriz, al finalizar la Primera República Liberal, comienza la restauración conservadora. Nicaragua tuvo que pagar muy caro el regreso de la oligarquía conservadora al poder. Con ellos ingresaron dos veces las tropas interventoras de los Estados Unidos con la aprobación y complacencia del presidente conservador Adolfo Díaz. Varias de las conquistas liberales fueron anuladas, al punto de que uno de los presidentes conservadores, Diego Manuel Chamorro, se propuso, incluso, eliminar las escuelas públicas. Nicaragua fue víctima de la llamada "Diplomacia del Dólar" con la que inversionistas estadounidenses cobraban sus deudas onerosas apoderándose de instituciones del Estado, y así los banqueros neoyorquinos se apoderaron del ferrocarril, las aduanas, el telégrafo y de otras áreas de la economía nacional. La soberanía del país fue enajenada por el Tratado Chamorro-Bryan que cedía "a perpetuidad" el derecho exclusivo para los Estados Unidos de construir un canal y de establecer bases militares en el territorio nacional cuando quisiera (tratado abolido en 1972 durante el gobierno liberal de Anastasio Somoza Debayle). El liberalismo volvió al poder con el General José María Moncada como presidente, en 1928.

Quién fue Benjamín Zeledón

El Licenciado y General Benjamín Zeledón (4 de octubre de 1879-4 de octubre de 1912) fue un abogado, político liberal y soldado nicaragüense reconocido como Héroe Nacional de Nicaragua. Nació en Jinotega. Después de recibir una licenciatura en Tegucigalpa, regresó a Nicaragua en 1900 y se licenció en derecho en 1903.

El 29 de julio de 1912 estalló una sublevación contra el gobierno conservador de Adolfo Díaz, comandada por el General Luis Mena, conservador, y por el Licenciado y General Benjamín Zeledón, liberal. Esta rebelión se conoce como la Revolución libero-conservadora de 1912. Los rebeldes toman varias ciudades entre las que están Granada, bastión conservador, León y Masaya, bastiones liberales. El gobierno de Díaz pide la intervención militar de los Estados Unidos y el gobierno estadounidense responde con el desembarco en el puerto de Corinto de marines. Los Estados Unidos movilizaron hacia Nicaragua a 2.500 hombres y 8 buques de guerra. Sitian y atacan Granada tomada por las fuerzas del general Mena, quien la entrega sin oponer resistencia, hecho prisionero Mena es exiliado hacia Panamá. El único mando supremo recae en el general Zeledón, quien se hace fuerte en los cerros "Coyotepe" y "La Barranca", cercanos a la asediada Masaya, los cuales mantiene hasta la batalla decisiva del 4 de octubre, cuando es abatido. Cuando los marines de los Estados Unidos recuperaron el fuerte del Coyotepe y la ciudad de Masaya, su cuerpo fue llevado en una carreta de bueyes por los marines para ser enterrado en Catarina. Esta imagen impactó mucho al futuro revolucionario Augusto César Sandino.

Quién fue Augusto César Sandino

Durante el tiempo dominado por los conservadores, con intervenciones armadas de los Estados Unidos, la inconformidad general popular por la pérdida de sus derechos y el retroceso social y económico, más los frecuentes fraudes electorales que llevaron a levantamientos revolucionarios como el del Héroe Nacional y destacado liberal, General Benjamín Zeledón, se convocaron elecciones para el mes de octubre de 1924 surgiendo una candidatura unificada entre un grupo de conservadores y los liberales, en búsqueda de la paz, opuesta a la candidatura de Emiliano Chamorro. Como candidato a presidente iba el conservador Carlos Solórzano y para vicepresidente el liberal Juan Bautista Sacasa. Esta fórmula ganó, pero Emiliano Chamorro se alzó en armas contra el gobierno y toma la Loma de Tiscapa obligando a renunciar al presidente conservador Solórzano que pasa los poderes presidenciales al senador Sebastián Uriza, éste se los pasa a Chamorro y finalmente acaban en manos —otra vez — de Adolfo Díaz, quedando el vicepresidente liberal Sacasa —que no renunció— fuera, reclamando legítimamente la presidencia. El liberal, partidario de Sacasa, General José María Moncada, se alza en armas comandando el Ejército Liberal Constitucionalista y pidiendo el poder para Sacasa según la Constitución establecía. La respuesta de los Estados Unidos, que apoyaban a los conservadores, fue la de mandar de nuevo a la infantería de marina. En 1927 había en suelo nicaragüense más de 5.000 soldados y marinos estadounidenses apoyados por 16 buques de guerra.

Augusto C. Sandino, un joven de pensamiento liberal sin duda alguna, que entonces contaba con 31 años, acababa de volver después de pasar 5 años trabajando en México, Honduras y Guatemala. Cuando se enteró de la insurrección liberal formó una fuerza armada y se internó con su tropa en las montañas de Nueva Segovia, como un general del Ejército Liberal Constitucionalista bajo las órdenes del General Moncada. Las fuerzas de Sandino fueron creciendo. Durante la primera mitad del año 1927 combatió a los conservadores a los que fue venciendo y tomando varias posiciones.

El 4 de mayo de 1927 se dio el Pacto del Espino Negro en Tipitapa, por el cual el ejército de Estados Unidos se comprometía a garantizar la celebración de elecciones supervisadas por ellos, entre liberales y conservadores; deponer las armas ambos ejércitos (liberal y conservador) y crear una nueva Guardia Nacional con oficiales y soldados de ambos bandos, 50% de cada uno. Sandino no estuvo de acuerdo alegando que continuaría la intervención de Estados Unidos; se internó en las Segovias y llamó a sus fuerzas "Ejército Defensor de la Soberanía Nacional".

En 1928 se celebraron elecciones que ganó el Partido Liberal

Nacionalista (antes Partido Liberal) con su candidato el General José María Moncada, y un período después ganó el liberalismo con el presidente Doctor Juan Bautista Sacasa, recuperando la presidencia de la que lo habían despojado. Durante ese tiempo Sandino combatió igual a los marines interventores como a la nueva Guardia Nacional. En los intentos de convencer a Sandino para que aceptara el pacto, Moncada llegó a mandar a su padre, amigo personal de él, para que le hablara. Sandino se mantuvo firme en su decisión.

Una vez que Sacasa fue elegido, las tropas estadounidenses empezaron a abandonar Nicaragua, y cuando fue investido presidente, el 1 de enero de 1933 ya no quedaban soldados estadounidenses en suelo nicaragüense. Al no haber soldados extranjeros en Nicaragua y por varias presiones, Sandino aceptó llegar el 21 de febrero de 1934, junto con sus oficiales Estrada y Umanzor, a una cena en la Casa Presidencial en la Loma de Tiscapa, invitados por Sacasa para conversar sobre la paz.

Básicamente Sandino, quien consideraba sus méritos mayores que los de cualquier otro líder nacional, deseaba una paz condicionada a mantener su liderazgo y dominio en el Norte del país, asegurado su dominio en la zona con las armas de su ejército. Por tal razón presentó como condición la formación de unas cooperativas agrícolas donde él operaba, con una autonomía que implicaba su dominio de la zona.

A la salida de su cena con el presidente Sacasa el vehículo en el que viajaban fue detenido por soldados de la Guardia Nacional y fueron llevados a un predio montoso donde fueron fusilados. Posteriormente el Jefe Director de la Guardia Nacional, General Anastasio Somoza García, aceptó la responsabilidad del fusilamiento argumentando que dejar con vida a Sandino ponía en peligro la paz, pues en realidad tenía planes de fortalecerse en el Norte del país y desmembrar parte del territorio nacional; y que la medida fue tomada, también, por la sugerencia del Gobierno de Estados Unidos por medio del embajador Arthur Bliss Lane.

Sea como fuere, el mérito de Sandino fue haber sido un nacionalista de ideología liberal que luchó contra la intervención extranjera. En su contra está la excesiva crueldad con la que actuaban sus tropas. Sobre su final subsisten dos versiones: 1) Somoza lo mandó a ejecutar por la rivalidad entre la recientemente formada Guardia Nacional y las tropas de Sandino que no solo combatían al ejército extranjero sino al nuevo ejército nacional. 2) Su ejecución obedeció a evitar que con el pretexto de las cooperativas desmembrara el territorio de Nicaragua.

La Segunda República Liberal (1929-1979)

A partir de la elección ganada por Moncada se restableció el gobierno liberal durante el período de 1927-1979, iniciando la Segunda República Liberal en Nicaragua (la Primera fue durante el gobierno de Zelaya). Se sucedieron en la Presidencia de la República los siguientes presidentes:

José María Moncada - 1 de enero de 1929-1 de enero de 1933
Juan Bautista Sacasa - 1 de enero de 1933-9 de junio de 1936
Carlos Brenes Jarquín - 9 de junio de 1936-1 de enero de 1937
Anastasio Somoza García - 1 de enero de 1937-1 de mayo de 1947
Leonardo Argüello - 1 de mayo de 1947-27 de mayo de 1947
Benjamín Lacayo Sacasa - 27 de mayo de 1947-15 de agosto de 1947
Víctor Manuel Román y Reyes - 15 de agosto de 1947-6 de mayo de 1950
Anastasio Somoza García - 7 de mayo de 1950-29 de septiembre de 1956
Luis Somoza Debayle - 29 de septiembre de 1956-1 de mayo de 1963
René Schick Gutiérrez - 1 de mayo de 1963-3 de agosto de 1966
Lorenzo Guerrero Gutiérrez - 3 de agosto de 1966-1 de mayo de 1967
Anastasio Somoza Debayle - 1 de mayo de 1967-1 de mayo de 1972
Junta: Roberto Martínez, Alfonso Lovo Cordero, Fernando Agüero

(conservador)

     1 de mayo de 1972-1 de marzo de 1973

Junta: Roberto Martínez, Alfonso Lovo Cordero, Edmundo Paguaga Irías (conservador)

     1 de marzo de 1973-1 de diciembre de 1974

Anastasio Somoza Debayle - 1 de diciembre de 1974-17 de julio de 1979

Francisco Urcuyo Maliaños - 17 de julio de 1979-18 de julio de 1979

Durante estos gobiernos se restauraron todas las conquistas sociales que había logrado el General José Santos Zelaya y que muchas de ellas se revirtieron durante los gobiernos conservadores. Pero, además, se lograron muchos nuevos beneficios sociales y económicos en una era de paz y progreso.

El liderazgo del General Anastasio Somoza García en el Partido Liberal Nacionalista y en la Guardia Nacional lo llevó a fortalecerse ejerciendo un gobierno autoritario y controlar tanto los Poderes del Estado como la fuerza militar. Posteriormente sus hijos, el Ingeniero Luis Somoza Debayle y el General Anastasio Somoza Debayle ejercieron el mismo poder apoyados políticamente en el Partido Liberal Nacionalista y militarmente en la Guardia Nacional de Nicaragua.

Conquistas Sociales y Económicas de la Segunda República Liberal

Los gobiernos liberales de 1929 a 1979, período conocido como la era somocista por el liderazgo y determinante influencia que ejerció la familia Somoza, implementaron el social liberalismo para beneficiar a la mayoría del pueblo nicaragüense compuesto por campesinos, obreros y empleados, procurándoles el acceso a los bienes y servicios para cubrir sus necesidades básicas y una vida digna, desarrollando el sistema capitalista de libre mercado y respeto a la propiedad privada, pero con sensibilidad y justicia social.

Se lograron gradualmente excelentes conquistas sociales. Para ello se implementó un sistema de impuestos progresivos a quienes gozaban de más bienes e ingresos, para financiar así las obras de progreso, la educación gratuita desde la primaria hasta la universidad, el sistema universal de salud en los hospitales y centros de salud estatales, e implementando beneficios sociales con el Código del Trabajo, el Instituto de Comercio Interior y Exterior, INCEI (interviniendo en la regulación de los precios de los granos básicos, acopiando en silos o vendiendo según la situación del mercado), el Banco Nacional de Nicaragua accesible como banca de desarrollo, el Instituto Nicaragüense de Seguridad Social para garantizar a los empleados atención a la salud y pensiones de incapacidad, vejez o muerte; la Junta Nacional de Asistencia y Previsión Social, el Instituto de la Vivienda, etc. Al mismo tiempo facilitando el desarrollo de las empresas privadas, bancos, centros de estudios privados y el libre ejercicio de oficios y profesiones. Una coexistencia armónica de la iniciativa privada con la intervención complementaria del Estado mediante amplios servicios públicos.

El país progresó con electrificación, agua potable y alcantarillado, líneas de ferrocarril, carreteras, construcción de edificios públicos, desarrollo de la agricultura y la ganadería, exportación de algodón, azúcar, café, carne y granos básicos, llegándose a conocer Nicaragua como "el granero de Centroamérica". La economía crecía cada año, el córdoba era apreciado en los países vecinos manteniendo su valor por décadas sin depreciación. Nicaragua recibía jornaleros de los países vecinos, principalmente de Honduras y El Salvador que venían a trabajar en época de cosechas. Los centros de educación pública competían en calidad con los más prestigiosos y caros centros de estudios privados, sobresaliendo entre los institutos públicos el Ramírez Goyena y el Miguel de Cervantes en la capital, así como otros prestigiosos institutos en los departamentos del país. Se levantaron emblemáticos edificios públicos como el Palacio Nacional, el

Banco Central, el Teatro Nacional Rubén Darío, el Aeropuerto Internacional de Managua, y muchos otros que no sobrevivieron el terremoto de 1972. Se estableció para la mujer la igualdad de derechos con el hombre. El Código del Trabajo fue estableciendo cada vez mayores conquistas sociales: salario mínimo, jornada máxima, pago doble por horas extras, descanso pagado del séptimo día, derecho a preaviso e indemnizaciones por despido injustificado, vacaciones, décimo tercer mes o aguinaldo, derecho a organizar sindicatos y derecho a la huelga.

A pesar de las evidentes conquistas sociales de esa época llamada "somocista", algunos la llaman una "dictadura". Yo diría que ciertamente fueron gobiernos "autoritarios" donde dominó la familia Somoza, lo cual es negativo, aunque no se puede negar lo positivo, ya que se lograron grandes avances sociales y prosperidad.

Fin de la Segunda República Liberal

La guerra de guerrillas que desde los años 60 inició en Nicaragua el Frente Sandinista no tuvo mayor trascendencia ni impacto en la vida nacional, causando noticias solo cuando se producía algún asalto a un banco o a alguna empresa para proveerse de dinero, o se producía el secuestro de un avión o la ejecución de algún militar o de unos funcionarios públicos. De los guerrilleros, fuera de eso, apenas se tenían noticias. Eran entrenados y adoctrinados en Cuba, la Unión Soviética y otros países comunistas, y luchaban por instaurar un gobierno bajo los principios del comunismo marxista-leninista. Se daba alguna escaramuza militar en las montañas muy ocasionalmente. La población se mantenía indiferente a ellos y la nación poca importancia daba al Frente Sandinista, mientras la atención la acaparaba la rivalidad política entre liberales y conservadores.

Después del terremoto de 1972, cuando se dieron notables excesos en el poder autoritario de parte del General Anastasio

Somoza Debayle (quien no se mantuvo en los límites que respetaron su padre y su hermano, lo cual motivó la formación del Movimiento Liberal Constitucionalista en el seno del Partido Liberal Nacionalista, oponiéndose a la continuación del General Somoza en el gobierno) la administración de Jimmy Carter de los Estados Unidos se declaró hostil al gobierno de Anastasio Somoza Debayle, acusándolo por violaciones a los Derechos Humanos; mientras los presidentes José López Portillo, de México; Rodrigo Carazo Odio, de Costa Rica; Omar Torrijos, de Panamá; y Carlos Andrés Pérez, de Venezuela, decidieron dar apoyo abierto en armas y municiones, entrenamiento y bases en sus territorios, avituallamiento, financiamiento y apoyo diplomático al Frente Sandinista. Eso produjo que los guerrilleros cobraron fuerza tomándose ciudades que sostenían por algunas horas y luego abandonaban, hasta lanzar frentes de guerra permanente que produjeron una encarnizada guerra civil entre el Frente Sandinista y la Guardia Nacional de Nicaragua, culminando con la renuncia y exilio de Anastasio Somoza Debayle, 48 horas del gobierno del Dr. Francisco Urcuyo Maliaños y ascensión al poder del Frente Sandinista que nombró una Junta de Gobierno controlada por su Dirección Nacional, de la cual al poco tiempo renunciaron por desacuerdo con ellos Violeta Chamorro y Alfonso Robelo, elementos no marxistas que la integraron brevemente. Con la toma del poder del Frente Sandinista por la vía armada, en 1979 finalizó la Segunda República Liberal.

Situación de Nicaragua en los Años 80

Mientras los sandinistas gobernaban Nicaragua se fueron enfriando poco a poco sus vínculos con los gobiernos democráticos de los países que los habían apoyado y fortaleciéndose los vínculos con Cuba, la Unión Soviética y demás países comunistas como los de Europa del Este, Vietnam, Corea del Norte, y en menor medida China. Muchos nicaragüenses abandonaron el país sintiéndose inseguros y temerosos por el rumbo comunista que tomaba la Revolución Sandinista. No solo salieron al exilio funcionarios del gobierno de Somoza y miembros de la Guardia Nacional, sino el grueso de los empresarios privados y profesionales, personas de todas las clases sociales, incluyendo muchos que habían apoyado la revolución, y hasta quienes fueron funcionarios del gobierno sandinista inicialmente. Mientras tanto, teniendo como base a algunos militares que fueron guardias nacionales, más los campesinos que se les fueron sumando, se armó un Ejército de la Resistencia apoyado por el nuevo gobierno de Estados Unidos. Una nueva guerra civil se libró por varios años entre el ejército sandinista y la resistencia o "contras".

Por las numerosas confiscaciones que realizó el gobierno sandinista, la fuga del capital temeroso de ser confiscado, la "fuga de cerebros" (muchos de los mejores profesionales se fueron, incluyendo administradores y economistas), los efectos devastadores de las dos guerras civiles consecutivas, la visión marxista que tenía la revolución, y otros factores, Nicaragua cayó en el peor momento de su historia durante la década de los 80, lo que el papa San Juan Pablo II llamó "una noche oscura". La economía nacional se desplomó, el país fue destruido, el desarrollo sufrió un retroceso de medio siglo. No había alimentos, medicinas, artículos de aseo… ¡No había casi nada de lo necesario para una vida digna! ¡Los alimentos básicos fueron racionados!

Con una oposición sin opciones reales de poder desarrollarse, Daniel Ortega fue elegido presidente en 1985, sustituyendo a la Junta de Gobierno que él desde 1979 presidía.

Restauración de la Democracia Representativa

Nicaragua se convirtió en una pieza del ajedrez político de la guerra fría entre la Unión Soviética y los Estados Unidos. Gracias a que surgió un líder visionario que llegó a gobernar la Unión Soviética, Mijaíl Gorbachov, que inició la transformación política, social y económica de la URSS mediante la "perestroika" (renovación) y la "glasnost" (transparencia) se inició el proceso que permitió terminar con el sistema comunista en Rusia y sus satélites, así como los convenios de paz y desarme de Rusia y los Estados Unidos, poniendo fin a la "guerra fría". El Ministro de Relaciones Exteriores de la URSS, Eduard Shevardnadze, se encargó de notificarle en Managua, personalmente a Daniel Ortega, el acuerdo entre su gobierno y el de Estados Unidos para poner fin a la guerra civil de Nicaragua, mientras el gobierno estadounidense hacía otro tanto con la dirigencia de la resistencia o "contra". Esto condujo a acuerdos de paz en Nicaragua y a elecciones libres que ganó una coalición de 14 partidos (incluyendo al anterior movimiento de liberales disidentes opuestos al tercer presidente Somoza, convertido en el Partido Liberal Constitucionalista) llevando a la presidencia a Violeta Chamorro y a la Alcaldía de Managua al líder del Partido Liberal Constitucionalista, Dr. Arnoldo Alemán Lacayo, iniciándose así la Restauración de la Democracia Representativa y sentando las bases para llegar después, con la presidencia de Alemán, a la Tercera República Liberal.

Resurgimiento del Liberalismo con el Partido Liberal Constitucionalista

Durante el gobierno del General Anastasio Somoza Debayle con el Partido Liberal Nacionalista, se empezó a manifestar en las filas liberales la inconformidad con algunas actitudes, decisiones e intenciones políticas, autoritarias y continuistas, de parte del presidente Somoza, que sobrepasaron los prudentes límites políticos y de autoridad que practicaron su padre y su hermano, y contrariando los consejos que en vida su hermano Luis Somoza le había dado, incluyendo que "ningún Somoza más deberá reelegirse presidente".

Al final del primer mandato presidencial de Anastasio Somoza Debayle, mientras se reformaba la Constitución para permitir su reelección, mediante una Asamblea Constituyente, gobernaba una junta de dos liberales y un conservador. En ese momento se dio el devastador terremoto del 23 de diciembre de 1972, inmensa tragedia para Nicaragua aprovechada por Somoza para consolidar un enorme poder, obligando a la Junta de Gobierno nombrarlo como "Presidente del Comité Nacional de Emergencia" con una autoridad tal que de hecho lo ponía sobre la misma Junta de Gobierno en un país bajo un larguísimo "Estado de Emergencia" donde el poder lo ejercía Anastasio Somoza Debayle dictatorialmente.

El decreto de "Estado de Emergencia" suprimía las elementales garantías constitucionales. Además, ejercía el cargo de Jefe Director de la Guardia Nacional, a la que utilizaba como medio represivo. En esas condiciones se prepararon las elecciones para el nuevo período al que aspiraba de 1974 a 1979. Para entonces el descontento era general. La empresa privada que se sabía segura y próspera bajo los gobiernos liberales anteriores, incluso con el liderazgo de los presidentes Somoza, empezó a sentirse amenazada por la competencia desleal y temerosa de a ambición económica y de poder del tercer Somoza, que llevaría a favorecer un desenlace trágico para el país. Profesionales, obreros, campesinos que antes apoyaban al liberalismo, se pasaban a la oposición.

Ese panorama fue previsto por los visionarios patriotas liberales que desde 1969, liderados por el Dr. Ramiro Sacasa Guerrero, integraron el Movimiento Liberal Constitucionalista, MLC, en las filas del Partido Liberal Nacionalista, pidiéndole a Somoza desistir de convocar a una reforma constitucional para reelegirse, y en cambio apoyar la elección de otro candidato liberal para sustituirlo, entre los muchos liberales con suficientes cualidades para ejercer la presidencia. El MLC encabezado por el Dr. Ramiro Sacasa Guerrero, le pedía seguir el ejemplo (y el consejo) de su hermano, el entonces ya fallecido expresidente Luis Somoza Debayle, quien lejos de pretender reelegirse apoyó a quien fuera un gran presidente liberal, el Dr. René Schick, a quien, al fallecer, sustituyó el presidente Dr. Lorenzo Guerrero. Muchos valiosos cuadros del Partido Liberal Nacionalista pensaban así e integraron el MLC.

Lamentablemente, Somoza no escuchó a sus correligionarios del MLC, y sucedió lo que se quería evitar: el liberalismo fue desplazado del poder por el sandinismo. Cuando triunfó la Revolución Sandinista fue proscrito el Partido Liberal Nacionalista y en la euforia de una victoria armada y un gobierno marxista-leninista los liberales fueron los más reprimidos.

Pero, aunque la mayoría de los dirigentes liberales habían salido de Nicaragua, muchos para no regresar más a residir en la patria, algunos liberales constitucionalistas estaban en Nicaragua y levantaban la bandera liberal. Hubo liberales que de buena fe creyeron que al ser apoyada por gobiernos latinoamericanos democráticos la revolución sandinista implantaría un sistema de economía mixta, pluralismo político y no alineación, la apoyaron desde sus principios social liberales durante un tiempo (corto, mediano o largo en cada caso), pero se dieron cuenta de su error y volvieron a reagruparse con sus correligionarios liberales. Cuando los acuerdos de paz abrieron el camino a elecciones libres y se integró una coalición de 14 partidos, el MLC se transformó en PLC, Partido Liberal Constitucionalista, reforzado por muchos valiosos liberales que regresaban del exilio, y fue parte de la victoria electoral de la presidenta Violeta Chamorro, obtuvo diputados en la Asamblea Nacional y el líder del PLC, Dr. Arnoldo Alemán, llegó a ser el Alcalde de Managua. Así resurgió el liberalismo, pues el PLC, relanzado por cuatro destacados liberales: Arnoldo Alemán, Lorenzo Guerrero Mora, José Rizo Castellón y José Antonio Alvarado, llegó, bajo el liderazgo de Alemán, a ser el partido más grande, más fuerte y mejor organizado del país, ganándole a partir de entonces todas las siguientes elecciones a los sandinistas: presidenciales, de diputados, de consejos regionales en el Atlántico y municipales; hasta el retorno del sandinismo al poder gracias a la división del liberalismo en dos, el PLC por una parte, y los disidentes del mismo, por la otra.

La Tercera República Liberal con el Dr. Arnoldo Alemán

Así como José Santos Zelaya fue Alcalde de Managua y después Presidente de Nicaragua, Arnoldo Alemán fue igual. Su labor al frente de la Alcaldía de Managua, devolviéndole a la Capital de Nicaragua la dignidad de ciudad y no ser un "pueblón" abandonado, convirtiéndola, mediante obras de progreso, en una ciudad bien cuidada, mejorándola y embelleciéndola en todo sentido. Su trabajo, además de su carisma como líder nato, lo volvieron muy popular, y por todo el país la gente entusiasmada decía: "Si transformó Managua, transformará Nicaragua". El PLC ganó las elecciones nacionales de noviembre de 1996 y el 10 de enero de 1997 Arnoldo Alemán tomó posesión como Presidente de la República iniciando así la Tercera República Liberal de 1997-2002.

La administración presidencial de Arnoldo Alemán fue muy progresista. En un período corto de cinco años impulsó el crecimiento económico, fomentó la inversión privada nacional y extranjera, mejoró notablemente el sistema de salud, la seguridad social y la educación (durante su gobierno se construyeron más de 2 escuelas por cada día, en cinco años gobernó 1825 días y construyó más de 3.700 escuelas por todo el país). Nicaragua creció a tasas no vistas desde los tiempos de la Segunda República Liberal, cuando la economía del país era estable, y con su lema de gobierno "Obras, no palabras" se dio a la construcción de proyectos de infraestructura que el país necesitaba urgentemente. Dio gran apoyo al agro, lo que trajo un aumento en la producción, logrando que Nicaragua volviera a ser "el granero de Centroamérica" y que se recuperara la ganadería casi desaparecida en el país. El gobierno de Alemán acordó con el FMI y otros acreedores internacionales la condonación de gran parte de los intereses de la deuda nacional a cambio de aplicar un ajuste estructural. Logró que se aprobara para Nicaragua la "Iniciativa para países pobres altamente endeudados" que abrió las puertas a tratos preferenciales de los organismos internacionales para enfrentar mejor la pobreza y las deudas heredadas del gobierno sandinista.

Los adversarios políticos conservadores del presidente Alemán y un sector del liberalismo lo acusaron de corrupción y de un pacto favorable para que Daniel Ortega volviera al poder. De ambos temas hay una fuerte discusión. Esas acusaciones lograron dividir y dañar fuertemente al liberalismo.

División del Liberalismo

Arnoldo Alemán, en aras de buscar una mayor unidad nacional para enfrentar al principal adversario, el Frente Sandinista, escogió como su compañero de fórmula electoral a Enrique Bolaños como Vicepresidente, conocido dirigente empresarial conservador, a quien delegó muchas funciones importantes durante su administración y a quien luego apoyó para que fuera el siguiente candidato a la presidencia por el PLC. Bolaños no era visto como "uno de los suyos" por muchos liberales, a pesar de haberse afiliado al PLC y usar los emblemas del partido en su precandidatura. Una vez nominado por la Gran Convención del PLC, marginó de su campaña a su candidato a Vicepresidente, el liberal Dr. José Rizo Castellón, y evitó juntar su campaña presidencial con la de los candidatos a diputados del PLC que serían electos el mismo día. Sin embargo, usó y aprovechó el nombre, emblemas, estructura, prestigio y la casilla electoral del PLC en toda su campaña. Con la estructura y fuerza política del PLC ganó las elecciones, pero una vez electo se apartó del partido y sacó de su entorno político a todo miembro del PLC. Al tomar posesión, ignoró al vicepresidente Rizo, y muchos miembros del PLC en todos los niveles fueron despedidos del gobierno. Aun así, los diputados liberales encabezados por Alemán, que eran mayoría absoluta parlamentaria, aprobaban todas las iniciativas de ley que mandaba el presidente Bolaños, y apoyaban su gestión de gobierno. Muy pronto Bolaños rompió totalmente con el PLC y decidió gobernar con el respaldo de los diputados sandinistas y de un pequeño grupo de diputados que se separaron del PLC.

Los liberales que decidieron abandonar el PLC fundaron un grupo político liderado por Eduardo Montealegre (quien fuera Secretario de la Presidencia y después Ministro de Relaciones Exteriores durante el gobierno de Arnoldo Alemán), llamado "Vamos con Eduardo", que asumieron la dirección de los ya existentes pequeños partidos Alianza Liberal Nicaragüense, ALN, primero, y Partido Liberal Independiente, PLI, después, formando finalmente el partido Ciudadanos por la Libertad, CxL. Esta división permitió que en el 2007 el Frente Sandinista volviera al poder al dividir el voto liberal y de los aliados de principios democráticos, entre dos candidatos a la presidencia, José Rizo por el PLC y Eduardo Montealegre por, en ese entonces, ALN. El voto por ambos superaba la mayoría absoluta contra la cual el sandinismo hubiera perdido abrumadoramente, pero el voto liberal y de otros no sandinistas se dividió entre dos candidatos liberales, casi por partes iguales.

La búsqueda de la unidad liberal y democrática

La historia se repite: dos veces los errores de gobiernos de turno en Estados Unidos, sumado a las malas decisiones de políticos nicaragüenses, han dado el poder al Frente Sandinista. Primero fueron los errores políticos sobre Nicaragua cometidos por la administración de Jimmy Carter, junto a las decisiones equivocadas tomadas por algunos nicaragüenses liberales y de otras ideologías democráticas que en un inicio apoyaron la revolución sandinista por creerla democrática, pluralista y de economía libre, lo que facilitó el poder a los sandinistas en 1979; después, los errores políticos de la administración de George Bush hijo, junto a decisiones equivocadas tomadas por algunos nicaragüenses liberales y de otras ideologías democráticas, también facilitó el regreso al poder a los sandinistas en 2007 debido a la división del liberalismo que favoreció la administración Bush.

Pero el liberalismo nicaragüense, así como ha sido incansable en su lucha cívica, también lo ha sido en búsqueda de la unidad. Los liberales nicaragüenses aspiran reunir la familia liberal.

Los símbolos históricos del liberalismo en Nicaragua

Los símbolos históricos del liberalismo nicaragüense, del liberalismo de Máximo Jerez y José Santos Zelaya, Próceres Liberales de Nicaragua. Los emblemas que en nuestro país fueron utilizados por nuestros antecesores liberales de los partidos llamados Partido Democrático, Partido Liberal, Partido Liberal Nacionalista y Partido Liberal Constitucionalista, hoy tienen continuidad en el corazón de los liberales contemporáneos que aspiran a la unidad liberal.

La Bandera Roja Liberal

Históricamente, los pueblos oprimidos han izado la bandera roja cuando se han rebelado. Por ejemplo, los esclavos de Roma la izaron cuando sus luchas estremecieron el imperio, que al fin y al cabo sucumbió. La bandera roja era el símbolo de los esclavos que no tenían más opción que la rebelión. Durante las grandes rebeliones de campesinos que barrieron a Alemania, las legiones de campesinos llevaban consigo la bandera roja. En América Latina los partidos liberales —en su mayoría— adoptaron la bandera roja en su lucha contra el colonialismo español, primero, y contra los gobiernos conservadores opresores después. El rojo siempre ha simbolizado la libertad. Los grandes libertadores incorporaron en sus banderas nacionales el rojo de la libertad, como lo vemos en las banderas nacionales de Estados Unidos, México, Cuba, Colombia, Venezuela o Ecuador. En Nicaragua, la bandera roja —solo roja, pura, sin mancha— fue la bandera liberal de Jerez y Zelaya, del Partido Democrático, del Partido Liberal y del Partido Liberal Nacionalista, sucesivamente.

El Gorro Frigio

El Gorro Frigio, de color rojo, naturalmente, es símbolo de la libertad.

Durante la Independencia de Estados Unidos y la Revolución Francesa el gorro frigio fue adoptado como símbolo de su lucha por la libertad. Los revolucionarios de América y Francia adoptaron este símbolo que, en sus orígenes, fue el símbolo de los esclavos que lograban liberarse de su esclavitud. Por su parecido con un gorro usado en la región de Frigia, en Asia Menor, se le ha llamado "frigio".

En el conocido cuadro de Eugène Delacroix, de 1830, lo lleva Marianne, la mujer que simboliza tanto a la Libertad como a la República Francesa, guiando al pueblo. Marianne lleva en su cabeza un gorro frigio. Durante los siglos XIX y XX ha sido utilizado en los símbolos nacionales de varias repúblicas. Después de la Independencia de Centroamérica, aparece en el Escudo de las Provincias Unidas de Centro América, y ha estado, hasta la actualidad, en todas las variantes de los escudos de Nicaragua.

Hoy figura, como símbolo de la libertad, en el escudo de varias naciones americanas —además de Nicaragua— como Argentina, Bolivia, Colombia, Cuba, Haití, El Salvador y Paraguay, así como en modernos escudos de numerosos departamentos, provincias y ciudades. También aparece en monedas y billetes de algunas naciones como Colombia, Cuba y México.

Himno Hermosa Soberana

Durante el gobierno del presidente José Santos Zelaya, en 1893, fue adoptado como Himno Nacional de Nicaragua el Himno Hermosa Soberana, con música de Alejandro Cousin y letra, probablemente, de uno de estos tres poetas: Rubén Darío, Santiago Argüello o Manuel Maldonado, connotados poetas de la época, de ideología liberal.

Al restaurarse el conservatismo en el poder, sus sentimientos anti liberales quisieron borrar con todo lo que se había creado en la Primera República Liberal, y lo suprimieron como Himno Nacional sustituyéndolo por el Himno La Patria Amada. Los liberales siguieron cantándolo como himno liberal y patriótico, siendo distintivo de los partidos liberales desde entonces hasta el día de hoy.

<u>**Himno Hermosa Soberana**</u>

Hermosa Soberana
cual Sultana
Nicaragua, de sus lagos
al rumor, al rumor,
ve a sus hijos denodados,
los Soldados del honor. |
Siempre libre y hechicera,
siempre libre y hechicera,
su bandera, su bandera
ve flotar,
y apacible se reclina
cual ondina de la mar.
siempre libre y hechicera,
siempre libre y hechicera,
su bandera, su bandera
ve flotar.
Y orgullosa cual deidad, cual deidad,
muestra altiva el noble pecho
en defensa del derecho
y su Santa Libertad.

Managua, 28 de febrero de 2021